Es NAVIDAD

I0879634

TODO SOBRE LOS VILLANCICOS

KRISTEN RAJCZAK NELSON
TRADUCIDO POR ESTHER SARFATTI

PowerKiDS press

NEW YORK

Published in 2020 by The Rosen Publishing Group, Inc.
29 East 21st Street, New York, NY 10010

First Edition

Translator: Esther Sarfatti
Editor, Spanish: Ana María García
Book Design: Reann Nye

Photo Credits: Cover © www.istockphoto.com/Juanmonino; p. 5 © www.istockphoto.com/izusek; p. 7 PHAS/Universal Images Group/Getty Images; p. 9 Universal History Archive/Universal Images Group/Getty Images; p. 11 Zvonimir Atletic/Shutterstock.com; p. 13 Culture Club/Hulton Archive/Getty Images; p. 15 Print Collector/Hulton Archive/Getty Images; p. 17 © www.istockphoto.com/gameover2012; p. 19 New Africa/Shutterstock.com; p. 21 © www.istockphoto.com/whitemay; p. 22 Dream_Stock/Shutterstock.com.

Cataloging-in-Publication Data
Names: Rajczak Nelson, Kristen.
Title: Todo sobre los villancicos / Kristen Rajczak Nelson.
Description: New York : PowerKids Press, 2020. | Series: Es Navidad | Includes glossary and index.
Identifiers: ISBN 9781725305427 (pbk.) | ISBN 9781725305441 (library bound) | ISBN 9781725305434 (6pack)
Subjects: LCSH: Christmas music—History and criticism—Juvenile literature. | Carols—History and criticism—Juvenile literature. | Carols—Juvenile literature.
Classification: LCC ML2880.R35 2020 | DDC 782.28'1723—dc23

CPSIA Compliance Information: Batch #CSPK19. For Further Information contact Rosen Publishing, New York, New York at 1-800-237-9932.

CONTENIDO

¡ESCUCHEN! CANTAMOS VILLANCICOS

Nada nos hace sentir más el espíritu navideño como la música de Navidad. Cada diciembre, escuchamos durante horas canciones de Navidad en la radio y en las tiendas, desde *Navidad, Navidad* hasta *Noche de paz*. Pero los villancicos no siempre fueron tan importantes para la Navidad. De hecho, ¡muchos de los que cantamos hoy en día solo se hicieron **populares** en los últimos 200 años!

La palabra "villancico" es mucho más antigua que los villancicos que conocemos hoy. Viene de la palabra "villano", que era alguien que vivía en una villa o pueblo. Los primeros villancicos no hablaban sobre la Navidad, sino de cosas que pasaban en los pueblos; se bailaban en ocaciones especiales y formando círculos. No fue hasta el siglo XIX que se comenzó a usar la palabra "villancico" solamente para hablar de canciones de Navidad.

VENGAN FIELES TODOS

Por muchos años estas canciones formaron parte de las **celebraciones** de invierno. En el norte de Europa se celebraba el **solsticio de invierno** con danzas, canciones, comida y bebida. Cuando llegaron los cristianos a estos lugares, mezclaron estas fiestas de invierno con las ideas cristianas. Sin embargo, estas canciones y celebraciones no formaron parte de la Navidad hasta más tarde.

Durante mucho tiempo, las canciones de Navidad se escribían en latín y solamente se cantaban en las iglesias. En el siglo XIII, un hombre llamado Francisco de Asís comenzó a usar música **religiosa** en obras de teatro que contaban la historia de la Navidad. Estas canciones se cantaban en el idioma que hablaba la gente del pueblo y poco a poco ¡se hicieron populares!

VENIMOS A CELEBRAR

La costumbre de cantar canciones para celebrar la Navidad se **extendió** por Europa y se combinó con la **tradición** de celebrar e ir cantando de puerta en puerta. La gente iba de una casa a otra buscando un lugar para calentarse y comer algo o para felicitar a sus vecinos. Pronto la gente comenzó a cantar mientras iba de casa en casa. ¡Hoy se conoce como cantar villancicos!

NOCHE DE PAZ

Los villancicos ganaron importancia como música religiosa durante la **Edad Media**. Sin embargo, en el siglo XVII, algunos grupos en Inglaterra **prohibieron** ciertas celebraciones de Navidad, como ir cantando de puerta en puerta. Esta tradición siguió en algunos pueblos, pero ya no fue tan popular. Después, en 1840, la reina Victoria de Inglaterra se casó con un príncipe alemán llamado Alberto.

¡YA LLEGÓ LA NAVIDAD!

Alemania tenía muchas tradiciones para su fiesta de invierno, llamada *Yule* o *Yuletide*, como canciones y árboles **decorados**. El príncipe Alberto compartió estas tradiciones con la reina, y se mezclaron con las de la Navidad inglesa. Los ingleses **adoptaron** estas tradiciones y así nació nuestra celebración moderna de la Navidad.

A medida que las celebraciones navideñas se iban extendiendo, la gente escribía más villancicos. Muchos de los villancicos más conocidos hoy, como *Noche de paz*, *Navidad, Navidad*, y *Alegre San Nicolás*, se escribieron entre mediados y finales del siglo XIX. Algunos villancicos religiosos más antiguos también se tradujeron al inglés en esa época.

Los villancicos ya se habían convertido en parte importante de las Navidades. Cantarlos volvió a ser popular. Hacia principios del siglo XX, comenzaron a publicarse libros de villancicos, lo que hizo que el público pudiera conseguir estas canciones más fácilmente. Una de estas colecciones, llamada *Libro de villancicos de Oxford*, ¡contenía un total de 201 villancicos!

AL MUNDO PAZ

Hoy es más común ver a gente cantar villancicos en centros comerciales que de puerta en puerta. Sin embargo, siguen siendo importantes en las ceremonias religiosas y celebraciones festivas en muchas escuelas y hogares. Se canten donde se canten, ¡los villancicos siempre serán una parte divertida de las Navidades!

GLOSARIO

adoptar: tomar como algo propio.

celebración: fiesta o evento especial que se hace en honor a un día festivo.

decorar: hacer que algo tenga un aspecto bonito agregándole algún adorno.

Edad Media: una época en Europa que duró aproximadamente desde el año 500 d. C. a 1500 d. C.

extender: hacerse popular en más lugares.

popular: algo que gusta a mucha gente.

prohibir: no permitir algo.

religioso/a: que tenga que ver con una religión o la creencia en un dios o dioses.

solsticio de invierno: el día más corto del año.

tradición: una forma de pensar o de hacer algo entre un grupo de gente.

ÍNDICE

SITIOS DE INTERNET

Debido a que los enlaces de Internet cambian constantemente, PowerKids Press ha creado una lista de sitios de Internet relacionados con el tema de este libro. Este sitio se actualiza con regularidad. Por favor, utiliza este enlace para acceder a la lista: www.powerkidslinks.com/IC/carols